MÉMOIRE

POUR

LES SYNDICS ET HABITANS

DE SALANCY,

CONTRE LE SIEUR DANRÉ,

SEIGNEUR DE SALANCY.

MÉMOIRE

POUR les Syndics & Habitans de Salancy;

CONTRE le Sieur DANRÉ, Seigneur de Salancy.

DANS le temps où les journaux ou les papiers publics annoncent avec le plus grand éloge la fête de la Rose; tandis que la peinture en fixe la pompe sous nos regards enchantés; pendant que nos théâtres retentissent des applaudissemens donnés à cette institution si pure, qui pourroit croire que le seigneur de Salancy voulût l'altérer & en détruire l'heureux effet?...

Toi, qui as peint avec des couleurs si

A

aimables les vertus du premier âge, Fenelon prête-moi ta plume, que je puisse décrire avec le charme de ton style, cette fête qui a rendu si célèbre un petit village de la France. Jamais l'antiquité n'offrit rien de plus respectable ni de plus imposant : non, la sagesse n'est point encore bannie de dessus la terre. Il existe un lieu où elle est couronnée. Pourquoi faut-il que ce lieu ne soit qu'un village ?

A une demi-lieue de Noyon est un petit bourg, que l'on nomme Salancy. Ses habitans, différens de nos grossiers villageois, ont conservé jusqu'à présent, la touchante simplicité des campagnes. Ce ne sont point des mercenaires, esclaves d'un riche fermier & avilis par l'indigence. Tous goûtent les douceurs de la propriété : chacun d'eux attaché à la portion de terre qui lui appartient, la cultive en paix. Les mœurs à Lacédémone n'étoient pas plus pures que ne le sont celles des Salanciens. L'époux chérit sa compagne, soulage la vieillesse de son pere, & a l'œil toujours ouvert sur ses enfans.

Le cultivateur, heureux de son sort, ne cherche point à perdre avec sa raison le souvenir de ses peines ; les garçons aspirent tous au bonheur d'épouser la fille vertueuse qui sera couronnée, & pas un d'eux ne projette de séduire les jeunes villageoises, qui ne connoissent que l'amitié & les jeux de l'innocence.

Une simple couronne de rose accordée tous les ans à la sagesse, a préservé jusqu'à présent ces heureux habitans de la corruption presque universelle.

Saint Medard, évêque de Noyon, & seigneur de Salancy, qui vivoit du temps de Clovis, voulut que tous les ans on donnât un chapeau de rose & une somme de vingt-cinq livres à celle des filles de sa terre, qui seroit reconnue par les habitans pour être la plus vertueuse : il détacha de ses domaines plusieurs arpens de terre, qui forment aujourd'hui ce que l'on nomme *le fief de la Rose*, & en affecta le revenu au payement des vingt-

A ij

cinq livres & aux frais du couronnement.

Ce faint Prélat eut le bonheur d'entendre la voix publique proclamer *Rofiere* l'une de fes fœurs, & de lui donner lui-même le prix glorieux de fa fageffe. On voit encore un tableau placé au-deffus de l'autel de la chapelle de faint Médard, où cet éveque eft repréfenté en habits pontificaux, pofant la couronne de rofe fur la tête de fa fœur, qui eft à genoux & coëffée en cheveux.

Depuis ce temps la couronne de rofe a toujours été la récompenfe de la plus fage Salancienne; toutes ont afpiré à l'honneur de la recevoir.

Outre l'avantage qu'elles retirent d'un témoignage fi public de leur vertu, elles ont encore celui de trouver prefque toujours un époux dans l'année de leur couronnement. Et quel homme ne s'eftimeroit pas heureux d'unir fa deftinée à celle d'une fille qui auroit été reconnue par tous les habitans du lieu où elle a reçu le jour, pour être la plus modefte, la plus attachée à ses devoirs, la plus respectueuse envers ses parens, & la plus douce avec ses compagnes ?

Mais il ne faut pas seulement qu'elle ait ces excellentes qualités, on exige encore que sa famille soit sans reproche; de sorte que la Rosiere, en obtenant le prix de sa vertu, reçoit celui de l'honnêteté de tous ses parens. C'est toute une famille qui est couronnée sur la tête d'un de ses jeunes rejettons. Il n'y a peut-être pas de noblesse qui puisse être comparée à celle-là.

Un mois avant le jour de la cérémonie, les habitans de Salancy doivent s'assembler pour nommer, en présence des officiers de la Justice, trois filles dignes de la rose, & vont ensuite les présenter au seigneur, qui choisit celle des trois qu'il lui plaît de faire couronner. Le dimanche suivant, le Curé annonce à tous ses paroissiens quelle est la fille qui a été nommée *Rosiere*. Le silence de ses jeunes rivales, jusqu'au jour de son couronnement, acheve de prouver qu'elle en eſt digne. Il réſulte de ce réglement que ni le ſeigneur, ni les habitans de Salancy, ne ſont préciſément les maîtres de faire tomber le choix ſur celle qu'il leur plairoit de faire couronner. Ce ſont deux pouvoirs très-heureuſement combinés, qui concourent, ſans ſe nuire, au but de l'inſtitution. Tous les peres de familles ſont intéreſſés à être juſtes dans la préſentation des trois filles, & la faveur du ſeigneur ne peut récompenſer que la ſageſſe.

Le jour de ſaint Médard, l'après-midi, la Roſiere, dans les habillemens de l'innocence, les cheveux flotants en longues boucles, s'avance au ſon des inſtrumens vers le château; elle eſt ſuivie de douze jeunes filles, qui ſont vêtues de blanc comme elle & menées par douze Salanciens. Le ſeigneur la reçoit dans ſes appartemens.

Lorſque les vêpres commencent à ſonner, le ſeigneur donne la main à la Roſiere & la conduit à l'Egliſe avec ſon cortege jufqu'à un prie-dieu, placé au milieu du chœur pour la recevoir. Les jeunes filles & les garçons fe rangent à fes côtés & entendent l'office. Après les vêpres, le clergé fe rend en proceffion à la chapelle de faint Médard; la Rofiere le fuit, menée par le feigneur, & marchant toujours dans le même ordre; l'officiant, après quelques prieres, fait fur l'autel la bénédiction du chapeau de rofe, qui eft garni d'un large ruban bleu à bouts flotants & orné d'un anneau d'argent; depuis que Louis XIII daigna, à la priere de M. de Belloy, feigneur de Salancy, faire donner à la Rofiere la couronne en fon nom, ce fut M. le marquis de Gordes, fon premier capitaine des gardes, qui apporta à la fage Salancienne, de la part de Sa Majefté, un cordon bleu & une bague d'argent.

Le curé, ou celui qui officie pour lui, avant de placer la couronne fur la tête de la jeune fille, adreffe ordinairement un difcours à l'affemblée. Quel fujet plus

A iv

heureux ! ce chapeau de rofe qu'il tient ; cette jeune fille dont la vertu va honorer toute une famille ; la joie du vieillard, qui mourra content après avoir vu fon dernier rejeton couronné ; ces douze compagnes dont les yeux font attachés fur la Rofiere, qu'ils regardent dans ce jour comme leur reine ; cette foule d'étrangers, qui eft accouru de loin, pour rendre à la fageffe un hommage plus éclatant : Quelle fource d'éloquence !

Après l'office la Rofiere eft conduite fur *une piece de terre*, où les vaffaux lui offrent des préfens champêtres, fans doute pour marquer que la vertu est la fouveraine du monde & que tous les hommes devroient vivre fous fon empire.

En 1766, M. le Pelletier de Morfontaine, intendant de Soiffons, s'arrêta, en parcourant fa généralité, à Salancy ; le bailli, à la réquifition des habitans, le pria de vouloir donner le chapeau de rofe à la fille chofie par le feigneur.

Cet intendant fe fit non-feulement un

plaisir de conduire la vertueuse Salancienne à l'autel : il eut encore la générosité de la doter de quarante écus de rente, reversible, après sa mort, en faveur *de toutes les Rosieres*, qui en jouiront chacune pendant une année.

Le marquis & la marquise de Genlis, le comte de Genlis & la dame son épouse, le marquis de Chabrillant, M. de Vichi, & plusieurs autres personnes de distinction, honorerent cette fête de leur présence, & goûterent une joie bien douce à la vue d'un spectacle qui est fait pour intéresser toutes les ames honnêtes.

Par quelle froide insensibilité le seigneur de Salancy marque-t-il donc aujourd'hui tant de dédain pour une institution si respectable ? Ne devroit-il pas au contraire en être le protecteur, la conserver dans toute sa pureté ? C'est par la fête de la rose que sa terre est connue de toute la France. Hélas ! quel ravage il a déja fait dans ce séjour autrefois si heureux ! son humeur processive y a soufflé le trouble. Il traîne les paisibles Salanciens de tribunaux en tribunaux; il les enlève à leurs travaux rustiques & les force d'aller solliciter des juges, eux qui n'ont jamais sollicité que le Dieu des campagnes.

Le sieur Danré, jaloux du droit que ses habitans ont de nommer dans leur assemblée les trois filles, dignes de la rose, & de les lui présenter, a voulu leur enlever le précieux avantage de juger la vertu & de concourir à l'honorer. Malheureusement il trouva, en 1773, un syndic assez vil pour entrer dans ses vues. Cet homme, qui a été destitué depuis par ordre de l'intendant, refusa de convoquer l'assemblée des habitans à l'époque où ils se réunissent pour nommer les trois Salanciennes qui doivent être présentées. Le sieur Danré profitant de leur inaction involontaire, au lieu de se renfermer dans les limites de son pouvoir, de faire sommer ses vassaux de s'assembler & de lui présenter les trois filles qu'ils auroient choisies, prit sur lui de nommer *Rosiere* la fille d'un de ses habitans, sans qu'il y ait eu ni assemblée, ni élection, ni présentation.

Et pour soutenir son injustice, il appella encore la violence & l'épouvante à son secours : il fit placer à la porte de la chapelle de saint Médard des cavaliers de maréchaussée, qui en interdirent l'entrée aux habitans & les repousserent avec brutalité, comme pour leur enlever jusqu'à la vue du couronnement..... Qu'on se peigne la douleur de ces honnêtes Salanciens, jusqu'alors accoutumés à suivre, à porter en triomphe leur Rosiere chérie, en se voyant rejettés indignement de sa présence par des hommes armés, en se sentant repoussés avec mépris par leur Seigneur dans la foule des étrangers, qui semblent n'être accourus de si loin que pour être les témoins de leur humiliation.

Les habitans de Salancy comprirent que leur privilége alloit s'évanouir s'ils ne se hâtoient pas de protester contre l'élection de cette Roſiere, qu'ils n'avoient ni nommée, ni préſentée, & de faire valoir le droit qu'ils avoient d'entrer dans la chapelle où ſe fait la cérémonie du couronnement.

Le ſeigneur, qui ne s'attendoit pas à cette juſte réclamation, différa longtemps de répondre à la ſommation que lui firent ſes habitans de déclarer s'il *entendoit tirer avantage de l'élection qu'il avoit faite à leur inſçu.* Ils obtinrent au bailliage royal de Chaulni une ſentence par défaut.

Le ſieur Danré y forma oppoſition. La cauſe s'engagea, & les avocats des parties développerent leurs moyens en préſence du miniſtère public.

Celui du ſeigneur ſoutint » que de tout » temps il avoit le droit de choiſir & de » nommer, ſans le concours des habitans, » celle des filles de ſon village qu'il croyoit » la plus digne de recevoir le chapeau de » roſe ; que ce n'étoit que par condeſcen- » dance & depuis 1766, qu'il avoit con-

» senti qu'en préfence de fes officiers, ils
» choififfent trois filles dont ils lui don-
» neroient les noms.

Il ofa jetter du ridicule fur l'importance que les Salanciens vouloient donner à la fête de la rofe, & fur la pompe dont ils prétendoient l'accompagner.

Il qualifia *d'idées chimériques & romanefques* le vertueux enthoufiafme de ces honnêtes habitans, pour une inftitution qui a fixé parmi eux la fageffe que l'on ne rencontre déja plus au village où elle s'étoit réfugiée après avoir difparu des villes.

Il prétendit » que le procès-verbal dreffé
» par les officiers de la juftice de Salancy,
» lorfque l'intendant conduifit la rofiere,
étoit le feul titre qui fît loi ; & parce que ce procès-verbal porte qu'après la bénédiction du chapeau de rofe, la fille à genoux reçût des feigneur & dame la couronne ; il en conclut *que c'étoit à lui & non à l'officiant à la pofer fur la tête de la Rofiere.*

Mais l'avocat du Roi qui porta la parole dans cette caufe, fit obferver qu'on lifoit dans le même procès-verbal, que *l'officiant béniſſoit & mettoit le chapeau de roſe ſur la tête de la jeune fille* qui avoit été choiſie par le Seigneur, & que par conſéquent, ſi l'intendant avoit en 1766, effectivement donné le chapeau à la Roſiere, on devoit regarder cette eſpece de couronnement comme un égard extraordinaire que la reconnoiſſance avoit cru devoir à ſa générofité; enfin comme une exeption à la regle, à l'uſage ancien conſtaté par le tableau où Saint Médard eſt repréſenté en habits pontificaux mettant une couronne de roſe ſur la tête de ſa fœur.

Le lieutenant général de Chaulny, après avoir entendu les moyens des parties, rendit le 19 Mai dernier, ſur les concluſions du miniſtere public, une ſentence dont les diſpoſitions ſont ſi ſages, que le ſeigneur de Salancy crut d'abord devoir y acquieſcer; les avocats requirent reſpectivement acte *de ce que l'un & l'autre adhéroit au réglement proviſoire* prononcé à l'audience; *ce qui leur fut accordé.*

Cependant le seigneur de Salancy, par une inconséquence qui est égale à son injustice, vient d'interjetter appel de cette sentence. Les habitans pourroient lui opposer *la fin de non-recevoir* qui résulte de l'acquiescement dont il lui a été donné acte de même qu'aux habitans ; mais ils veulent bien le combattre avec les armes du raisonnement.

Profitons de la supériorité de notre cause, & épargnons à nos lecteurs l'ennui d'une défense trop aride. Après avoir fait passer devant leur imagination les modestes Salanciennes couronnées de fleurs, marchant au son des instrumens, & suivies de jeunes garçons qui s'empressent autour d'elles, ne les attristons pas de l'obscure jargon des plaideurs ; ah ! combien le récit des fêtes villageoises & la vue des campagnes sont préférables au sombre palais de Thémis !

Mais voila dejà le seigneur de Salancy qui, emporté par son goût processif, y pénetre, y fait entendre sa voix ; il répete ce qu'il a dit devant le 1er juge, que ce n'eſt que par tolérance, & depuis 1767, que ſes habitans ſe ſont aſſemblés pour choiſir trois filles, & qu'ils les lui ont préſentées.

Prenons le procès-verbal de 1767, & liſons-lui, d'une maniere bien intelligible, le paſſage ſuivant qui va le confondre.

» Sur la réquiſition qui nous a été faite par
» *Martin Carbonnier*, ſyndic en exercice de
» la paroiſſe de S. Médard de Salancy, &
» par les habitans aſſemblés duement con-
» voqués Dimanche dernier à la principale
» porte & entrée de l'égliſe, iſſue de la
» meſſe paroiſſiale, au ſon de la cloche, *en*
» *la maniere accoutumée*, de nous trouver à
» l'auditoire ordinaire, jour & heure du
» plaid, à l'effet par ledit ſyndic & habi-
» tans de procéder pardevant nous, *ſui-*
» *vant l'uſage*, *à la nomination de trois*
» *filles natives du Lieu*, & d'une conduite
» irréprochable, pour être préſentées à meſ-
» ſire Charles-François Danré, ſeigneur
» dudit Salancy, pour être par lui nommé
» à ſon choix l'une des trois pour rece-
» voir

voir la rose le jour de Saint Médard.

Cet article est-il assez clair ? prouve-t-il assez évidemment, qu'en 1767, ce fut *en la maniere accoutumée & suivant l'usage*, & non pas *selon sa tolérance*, que les habitans lui présenterent trois filles pour qu'il nommât celle à laquelle il vouloit que la rose fût donnée ?

Qu'importe au seigneur de Salancy le lieu où les habitans s'assembleront, pourvu que ce lieu soit indiqué par les officiers de Justice ? Cependant il se plaint de ce que la sentence ne porte pas que l'assemblée *se tiendra dans la salle de l'auditoire*.

Mais faut-il apprendre au seigneur de Salancy qu'il n'y a point dans sa terre d'autre salle d'audience que sa salle même ? est-il raisonnable d'exiger que des habitans s'assemblent chez leur seigneur pour donner leur avis relativement à une présentation qui doit lui être faite ? Ce seroit détruire la liberté des suffrages.

Nous nous traînons avec peine sur les

tristes & insipides *griefs* du seigneur de Salancy; la sentence porte qu'il sera délivré dans le jour une expédition du procès-verbal d'assemblée. Il soutient que cela est impossible, parce qu'il est d'usage que la minute ait passé au contrôle. Où est la nécessité qu'un procès-verbal qui se fait en forme de jugement soit contrôlé? La sentence ne l'exige pas.

Mais voici une objection bien plus bisare; selon lui la sentence n'a pas dû juger que dans le cas où ni lui ou ses officiers préposés refuseroient de nommer la Rosiere, les habitans sur son refus en feroient la nomination.

Ainsi il ne tient qu'à lui que la fête de la rose soit anéantie, que la vertu présentée soit privée de son ornement; il est le maître de ne pas donner les 25 livres qu'il doit tous les ans à l'une des sages Salanciennes, quoiqu'une portion de sa terre soit affectée au paiement de cette somme devenue si modique de nos jours....

Le seigneur de Salancy semble craindre

que la cérémonie du couronnement ne soit trop éclatante, il s'oppose à tout ce qui peut lui donner quelque célébrité, il ne veut pas que la nomination de la Rosiere *soit annoncée au prône;* que le jour du couronnement, *elle soit accompagnée de violons & de tambours.*

Quel homme que ce seigneur de Salancy! comme il aime le silence! Il faut pour lui plaire que son Curé ne parle pas, que les violons ne jouent point, que les tambours ne fassent pas de bruit.

Il prétend.... ici la plume tombe de notre main ; nous rougissons pour le sieur Danré.... Le dirons-nous ? il prétend que la dépense du chapeau de rose, du ruban & de la bague d'argent *doit être prise sur les 25 livres dues par le seigneur.* M. le Pelletier, lorsqu'en 1766 vous eûtes la générosité d'assurer cent vingt livres de rente à la Rosiere que vous conduisîtes à l'autel dans l'absence du seigneur de Salancy, auriez-vous pu croire que ce même seigneur voudroit un jour

B ij

retrancher fur les 25 livres qu'il eſt obligé de donner à la fille la plus ſage de ſon village, le prix d'un bouquet de roſe & celui d'un ruban bleu ?.. Mais on ne lui demande point de grace. Qu'il abandonne tous les ans à la Roſiere le produit *du fief de la roſe*, & on ne l'inquiétera ni pour les 25 livres ni pour les frais du couronnement.

L'article 10 de la ſentence porte que la Roſiere ſera conduite par le ſeigneur en perſonne, & en ſon abſence ou refus, par telle autre perſonne qu'il plaira à *ladite Roſiere choiſir*.

Le ſieur Danré ſoutient que la Roſiere ne peut être conduite que par celui qu'il nomme à ſa place; ainſi dans le cas où, par une ſuite du mépris dont il paroît pénétré pour la fête de la roſe, il lui plairoit de donner à la Roſiere un de ſes laquais pour écuyer, elle ſeroit obligé de prendre la main ſervile qui lui ſeroit offerte.....

Elle auroit d'autant plus lieu d'appréhender cette humiliation, qu'il n'y a pas jusqu'au bailli de Salancy qui, voulant *finger* son seigneur, ne se donne les airs de dédaigner la cérémonie de la rose ; au lieu d'y assister en robe, comme ses fonctions l'exigeroient, il s'y montre sous les dehors les plus indécens. Il n'y a personne qui, le voyant l'année derniere à l'Eglise, botté, éperonné, armé d'un fouet, & repoussant la foule, ne l'eût pris pour un piqueur, qui s'étoit détourné un instant pour venir voir une jeune villageoise qu'on alloit couronner.

Le seigneur de Salancy qui trouve qu'un chapeau de rose est trop cher pour ne le pas faire payer à celle qui le reçoit, veut le mettre lui-même sur la tête de la Rosiere ; il s'appuye toujours sur ce que M. le Pelletier a, suivant le procès verbal de 1766, posé la couronne sur la tête de celle qu'il a conduite à l'autel. Mais qu'y a-t-il de commun entre l'homme généreux, qui assure noblement cent vingt livres de rente, qu'il ne doit pas, à une sage Salancienne qu'on lui préfente, & le feigneur de Salancy, qui refufe de donner à celle qu'il a choifie un anneau d'argent & un ruban bleu, *quoiqu'il y foit obligé?* Au furplus, on a déja rapporté le paffage du même procès verbal qui conftate *que c'eft l'officiant qui benit & met le chapeau fur la tête de la Rofiere.* Tant que le fieur Danré ne fera pas l'officiant, il ne benira ni ne mettra le chapeau fur la tête de la Rofiere.

Nous avons détruit, pulvérifé tous les moyens du feigneur de Salancy. Puiffe-t-il à la lecture de notre mémoire rougir de fes torts & en éviter la publicité!

Pour nous, fi après avoir préfenté dans toute fa fageffe une inftitution auffi précieufe que celle de la fête de la rofe, il nous reftoit un vœu à faire, nous l'adrefferions au jeune Monarque qui vient d'être porté fur le trône, nous le conjurerions de jetter fes regards fur les habitans des campagnes, dont le bonheur doit être cher à son cœur. Nous lui dirions : vos augustes prédécesseurs ont répandu leurs faveurs dans les cités, ils ont protégé les lettres, encouragé les beaux arts, récompensé l'industrie, mais ils ont oublié que les cultivateurs étoient aussi leurs sujets.

Les spectacles, les jeux, les honneurs ont été fixés dans les villes ; la peine, l'ennui, l'humiliation ont été rejettés dans les villages.

Daignez, ô jeune prince, espoir de la France ! daignez étendre vos soins paternels sur cette portion d'hommes qui, dans la guerre défend l'état, & le nourrit pendant la paix.

Monsieur DEVERGES, avocat général.

Me DELACROIX, Avocat.

***

A PARIS, chez P. G. SIMON, Imprimeur du Parlement, rue Mignon Saint André-des-Arcs, 1774.

www.ingramcontent.com/pod-product-compliance
Lightning Source LLC
Chambersburg PA
CBHW070545050426
42451CB00013B/3187